SI AÚN SIGUES AQUÍ, ES QUE ESTÁS VIVA

Fernando Riquelme

SI AÚN SIGUES AQUÍ, ES QUE ESTÁS VIVA

Primera Edición 2025

© Fernando Rodríguez Riquelme 2025

© Ediciones Rilke.
http://www.edicionesrilke.com
editorial@edicionesrilke.com
C/Dr. Fleming Nº 50, 4ºD
28036 Madrid
Teléfono: 34 91 999 13 12

ISBN-13:978-84-18566-56-1

Depósito Legal: M-7951-2025

SI AÚN SIGUES AQUÍ, ES QUE ESTÁS VIVA

La historia real de una mujer que fue violada
persistentemente por su marido en su matrimonio

FERNANDO RIQUELME

A Piluca Vega.

Por sus enormes ganar de vivir.
Por la emoción que pone en descubrirse,
por el largo camino que se le abre
al encontrar el verdadero sentido a lo que hace.

Por dejarme compartir con ella toda esa pasión.

I

Abres la caja de Pandora con tus sueños encerrados
Te sientes abrumada, herida
¿Encontrarás dentro de ese baúl tus vivencias?
¿El secreto que te obsesiona?
¿La respuesta que nadie te da?

Necesitas la nostalgia de ese YO antiguo que te persigue
para salir reforzada

Algo duradero de lo que tirar
Una roca sobre la que edificar tu nuevo YO
Ese YO distinto de tu YO de antes
Contra el viejo YO
Que aborreces

      ¿No habrá nadie que se apiade de mí?
      ¿Quién me castiga de esa manera?

Buscas ese algo del pasado de lo que tirar
Porque ni el presente ni el futuro te dan confianza

      El peso que arrastro es superior a mí
      Estoy deshecha

No hay escalera posible a las estrellas,
Tú eres esa estrella
Sigue tu propia estela
Tu luz

El cielo se abre a tus alas extendidas
Camina entre las flores
El vuelo del Ave Fénix te libera
No te rindas

Quédate en la orilla
No te escondas,
Estás más que preparada para saltar

II

Quisieras que la hoja afilada del cuchillo se hundiera en tu
estómago
Desearías quedarte sin aire,
Sin respiración

Te sientes vencida, derrotada
Con tu grito de Munch en la cubierta del barco
a la deriva

¡Salvadme!

No habrá salida para ti si no haces nada para sobreponerte
Tu actitud importa
¿Es culpa de los que te engañaron?

Te creías feliz, una niña adorada por todos
Te cuidaban
Te cogían de la mano
Te abrían la puerta
Te dejaban pasar…

Ahora
Te miras en el espejo,
Te decepcionas de ti

¿Acaso esa mujer destrozada soy yo?

El reloj avanza,
Te quedas quieta
A oscuras

    Tic-tac,
    Tic-tac

El corazón te golpea en el pecho

No esperes que llegue la respuesta correcta
Si tú no la haces llegar

III

Que fácil sería vivir,
si el argumento lo supieran todos de forma innata
Sobre todo, tú

Dar con esa respuesta
como quién encuentra una moneda en la calle

¿Sigues buscando tu sentencia de exculpación en el viento?
Escucha la canción:
Si te dejas vencer, te vencerán

Qué fácil sería aplicar un teorema sencillo para solucionar tu
angustia
Una fórmula mágica que resolviera la ecuación,
Dar con el resultado final
Resolviendo el jeroglífico

Te ilusionaría mover los monstruos como marionetas a tu
antojo
Dar con la solución al cubo de Rubik en sólo dos vueltas

       ¿De qué pecado me acusan?
       ¿Qué he hecho mal?

La gente se disfraza para ocultarse,
Engañan hasta en lo que esconden
Tú vas con el corazón en la mano

Escuchas su llave en la cerradura,
Te tapas la cabeza con la sábana

¿Acaso siempre estarás condenada a luchar contra los
fantasmas de los otros?

Los dioses han muerto,
Quítate el maquillaje chillón
Sal desnuda a recibirte
¿Esperas a alguien más?

      No puedo fingir
      Ya no tengo fuerzas

Las pesadillas de los otros te persiguen,
No sabes ni lo que ordenan
Desconoces lo que quieres
Ni siquiera quién eres

Lo primero que debes resolver son tus propios deseos

Para cambiar de vida,
Primero debes cambiar la idea que tienes tú misma de tu vida

IV

Los pensamientos crean las emociones
Las emociones, las respuestas

Tu YO consciente marca el camino al inconsciente,
lo dirige

El dolor es miedo
Miedo a lo desconocido,
Miedo a perder lo que ni siquiera tienes

La huella queda
Tus pasos se diluyen

El pensamiento positivo estimula a que cambies de paradigma
Si tu idea es resolver el dilema, lo resolverás

Es sencillo:
De sentirte vencida a ser vencedora

V

Los consejos de los bien pensantes te dejan exhausta
Tienes miedo a ser descubierta:
A ser considerada una intrusa,
Una extraña
Alguien que no comulga con lo que te dicen que debes sentir

Siempre el miedo: no perdona

Demasiado frágil para que te respeten,
demasiado sensible para oponerte a ellos

El universo entero depende de tu decisión:

  Soy respetuosa

Tiran su anzuelo en tu boca,
Esperan a que piques
Dan y quitan sedal,
Una lucha de titanes que vas a perder si te descuidas

Al final, decide su violencia
Sus exigencias
Sus celos

"Es ley de Dios" —aseguran

El humilde será grande;
El grande, pequeño

"Sé pequeña" —te aconsejan

Luego, afirman:
"A la hoguera con ella"

Te exigen que seas honrada para considerarte una delincuente
Te bautizan con un lastre a tus espaldas:
pecadora, insensata
revoltosa
Se apoyan en su moral hipócrita,
En la ética diseñada para destrozarte

       Ya no sé qué más hacer
       ¿Cuál sería la actitud correcta para suplicar su perdón?

Despierta de tu cuento de hadas
No es perdón lo que necesitas

       Desisto

No te atormentes con lo que representan
Olvídate de ellos,
De lo que quieren
De lo que te piden

Eres autónoma, independiente
un ser de luz

Un espíritu libre

VI

Quisieras soportar la tormenta sin mojarte,
aguantar el huracán a cuerpo descubierto

¿Crees que podías aguantar lo inaguantable sin quejarte?
¿Podrías ser acorralada sin sufrir?

      Ser independiente es demasiado esfuerzo para mí

Tu sombra sigue a cubierto bajo el cobertizo
Te crees a salvo, pero no lo estás

Ese falso refugio que has creado para ti
no sólo te protege,
También te aísla

Deja tu YO del pasado a la vista
A su merced

Levántate con tu YO de ahora
Sólo tuyo

VII

Algo está ocurriendo dentro de ti que te asusta
No sabes qué, pero es bueno

Tu auto-conciencia se da cuenta del lastre que arrastras
Respira hondo

Dices que buscaste algo más
antes de aceptar en silencio tu destino

    Busqué

Te quedaste exhausta, sin fuerzas

    Temí

¿Participarás en el sacrificio de salvarte?
Será inevitable enfrentarte a ti

    Lloré

Te desangrarás sin sangre
Tus heridas tardarán en sanar

    Sangré

Una mujer desconsolada ante su muñeca rota
Una niña violada en el asfalto
Negándose a sí misma su sueño de volar

Suplicaste al viento un compañero en quién confiar

Un amigo

Creíste que estabas demasiado alta para caer
Te imaginaste en el espacio
Flotando sin peso en el cielo

Pensé

Pero, caíste

Caí

No esperes esa mano que piensas ahora que ha de salvarte

VIII

El huracán arranca los árboles de raíz
¿Pasará de largo la tormenta?
¿Te arrastrará?

Necesitas un empujón hacia arriba
No desintegrarte en el polvo ni arrinconarte en el vacío

Empujar hasta salir del feto,
Renacer

Que la angustia no te impida respirar
Es tu vida, no la de nadie

Dibuja a lápiz tu hoja de ruta

El camino es efímero
La dirección que tomes: no

IX

Abres el baúl del pasado con los nervios perforándote,
Sin poder esperar más
porque la vida te pesa

Demasiado dolor para abandonar ahora

Un dolor que tampoco te ha servido para aprender
Porque esa clase de dolor no enseña
Sólo,
Se sufre

El tormento no te hace crecer
Es, al contrario
Gracias al crecimiento se sublima el dolor

No vendas postales de tu ahorcamiento antes de hora

El circo ha llegado a la ciudad,
Los payasos lloran de risa
El salón de belleza está lleno de monstruos

Se han ido ya las ambulancias
Las urgencias han cerrado,
Los hipócritas están maquillándose para el show

Es noche de carnaval,
Todos se disfrazan menos tú
Se intuyen sus caras de alegría,
Tus lágrimas

¿Qué guardas en ese baúl que puedas utilizar a tu favor?

Llega la comparsa de la ley y el orden
Las trompetas anuncian su aparición
Acorralan a cualquiera que sepa más de lo que saben ellos
Son inseguros, sádicos
Por lo tanto, poderosos

Los hombres de los seguros de vida provocan ataques al
corazón,
Luchan a codazos por el puesto de mando
Sólo dicen que mentiras,
No entienden gran cosa de lo que dices tú

Los banqueros, los sacerdotes
Los hombres de la chistera se ríen de ti
A golpe de tambor proclaman:
¿Hasta dónde será capaz esta mujer de irritarnos?

Los maestros se giran hacia la pizarra,
No les interesan tus razones
Tienen su rollo aprendido de siempre
De padres a hijos,
de hijos a padres

> ¿Por qué a mí?
> ¿Por qué yo?
> Sólo, hago lo que puedo

"¿Qué más nos das tú, chica?" —responden.

Eres sólo una niña tonta, una niñata

Tú les diste tu corazón,
Ellos esperan que les des todo tu espíritu

X

Tiras de la cadena, desapareces por el desagüe
Te desintegras en caída libre por el abismo
Pretendes que la muerte te reclame,
Pero sigues viva

No puedo más

El pastor de la iglesia no se lamenta de ti,
Te ignora
Nadie te oye
Ni los hombres desesperados ni las mujeres desesperadas

Los mercaderes, los ladrones te repudian
Viven por su negocio, a sus intereses
Sólo quieren afeitarte la cabeza
Que se constate oficialmente tu sumisión

Un cable atraviesa el asfalto a la altura de tu cuello
Corres a ciegas hacia él

Sacerdotes renegados te giran la cara,
Tu cuarto está vacío
lo han arrasado antes de prenderle fuego

Arde el edén,
Tendrás que tener coraje para cambiar de paradigma

No eres tú la que ha fracasado con el mundo,
Es el mundo el que ha fracasado contigo

XI

Pretendes gravitar sin rumbo,
expandirte en el espacio sin gravedad

La sombra que observa en silencio eres tú
Demasiado implicada en el mundo para abandonarlo por tu
sola decisión

Tan sólo oyes las voces que quieres oír
Cambia de sintonía

La paz llegará si la persigues
La tranquilidad, el esplendor
las ruedas de fuego llegarán
cuando sus falsos ídolos caigan a tus pies

La palabra adiós es demasiado buena para ellos

El ferrocarril se aleja
O te subes al tren o te quedarás sola
O, aún peor, te quedarás con ellos para siempre

A veces, lanzarte al vacío es la única manera de gritar

XII

Tus manos vacías esperan llenarse de, ¿qué?
¿Quién te las llenará si ni tú confías en ti?

Todos ellos han huido dejándote sola
¿Te quejas ahora de soledad?
Siempre has sabido que lo estabas

     No quiero estar sola

Han estado jugando tanto tiempo contigo,
que crees que ya no tienes nada que perder

Dices que no temes morir
Ya va siendo hora de que no temas vivir

XIII

Te persigue el destino que dijeron que te esperaba si obedecías
El que te hicieron creer que era sólo para ti
si te integrabas en la masa de mujeres desdichadas,
pero satisfechas de depender de los hombres

Siempre sonriente para ellos
Defendiendo sus consignas,
sus orientaciones:

Salvaguarda de la feminidad
Buena madre
Hija obediente
Excelente ama de casa
Reposo del guerrero
Rescatadora del patriarcado

Cuidadora de los enfermos
De los oprimidos
De los hijos de sus hijos
Amén

XIV

El peso del deber te comprime la cabeza contra el suelo
La responsabilidad cae a plomo sobre ti
Te resistes a precipitarte al vacío
No quieres acabar como un referente de referentes
ni ser la mujer anónima que todos olvidan por invisible

La que ensalzan una vez muerta, asesinada
"¡Qué buena era!" —repiten ahora compungidos

Por morir sin haber vivido
Por vivir como si estuvieras muerta
No te queda más remedio que cambiar de paradigma

      Me resigno

No quieras morir encerrada en tu cuarto, escondida
¿Quién reconocerá tu tumba si ni siquiera llegaste a saber quién
eras?

No necesitas ni maleta para irte
Ni estar borracha ni soportar a una familia impuesta
Ni sufrir por los hijos que no tienes

XV

Tu corazón late deprisa con los nervios a la espera de una señal
De un pacto de compañeras
De una lucha descarnada por sobrevivir

Necesitas conseguir lo que las otras han dado por perdido,
Lo que tus compañeras rechazan

No confíes en que alguien solucione lo que tú no solucionas

O contigo
O sola
O con nadie

No tienes más opción que ser tú misma

      Me da miedo volver a perder

Te volverás loca ahí encerrada
Con esqueletos en las paredes
pintando paisajes sombríos,
Naturalezas muertas

Si duermes con tu enemigo,
si lo adoras
Sufrirás su desdén,
aguantarás sus desplantes
Y no te llevarás nada

Pasan los trenes
No los dejes pasar

Lamento mi cobardía, pero…
¿Qué voy a hacer?

Coches de lujo,
un anillo de brillantes
una casa de campo en la montaña

Viajes, pieles, criados
dos pistolas en la caja fuerte
un cuchillo grande de cocina

Tú, la oveja en el redil
en el corral
Sola

Con los barrotes de oro, arpegios de Mozart
boleros de Ravel,
lágrimas de tristeza sin derramar
¿A qué esperas?

¿Te importa algo todo lo que vas a abandonar?

No

Pues,
Caminas con la vida y la muerte,
una a cada lado de tus pasos

XVI

No confíes en soluciones de alivio
Ni en premios de consolación
Ni en amigos de la caridad que se apiaden por pena de ti

Ellos,
Recitando el credo
A Keynes
O la internacional
Te tienden su mano agujereada diciendo:
"Somos nosotros, confía"

    Tú respondes:
    ¿Como confiar en aquellos que me engañaron una y
    otra vez?

Rechaza su mano ensangrentada

Para ellos eres tan sólo un objeto, una cosa
No merecen tu atención

XVII

Te dicen:
"La vida es hermosa perdónanos,
los tuyos te quieren
te queremos
Te nombraremos la reina del baile
nos postraremos a tus pies
te adoraremos como a algo etéreo
inaccesible, sagrado"

Por siempre
Para siempre,
Amén

Pero,
No como mujer
Sino como diosa

Te quieren en un altar
Lejana, inaccesible
Una imagen

A la mujer que eres, la quemaron viva hace tan sólo un rato

XVIII

Has intentado muchas veces tener esperanza, ilusión
resignada, digna
con empuje
Para creerte ahora ni una esperanza más
De ellos, ni una sola

Te resistes a clavarte ese cuchillo en el estómago que has
prometido clavarte
si no solucionabas tu encrucijada

   Me han dejado destrozada

En la oscuridad has librado demasiadas batallas

Ahora, te toca abrirte a la luz
Es tu hora violeta

La noche ha de pasar rápida,
como un torbellino
¿Lo ves?

Ya ha pasado

XIX

Ese grito desesperado es tuyo

A veces te matarías
Otras, los odias, los aborreces
Necesitas tanto vivir que…
No puedes apagar sin más
ese interruptor que te da o te quita la vida

¿Cómo no rendirte con la que cae, con la que arrastras?

Parecía que todo estaba bien,
hasta que él empezó a quitarse el antifaz

Sin la máscara es una persona terrible: un monstruo
No podías ni caminar agachada para que no te viera esconderte
Ni emborracharte para olvidarte de ti
Ni hacer ver que no lo oías
Ni estar en tus cosas

Demasiado control

      Insoportable

Su voz suena demasiado fuerte en la tormenta

Ya no es cuestión de orgullo
Es sólo supervivencia,
mantenerte a flote

Coge un bote de pintura negra,
tapa las grietas que encuentres

Las colinas son demasiado bajas para temer escalarlas
Es cuestión de voluntad de superación

       Le oigo gritar mi nombre

No te gires

Suenan las campanas,
ve tras ellas

No pierdas el sonido de su bronce en tu corazón

XX

Nunca han confiado en ti
¿Por qué razón hacerles caso ahora?

"No pasa nada, sólo está sangrando" —te dicen,
Está en libertad condicional,
Es una total irresponsable
Inconsciente
Frívola
Incapaz

Llorará cuando lo pierda todo,
Se derrumbará ante nosotros
Nos pedirá perdón

Se lo haremos pagar

"La machacaremos" —insisten
Dejadla caer, no merece nuestra atención

Matadla

XXI

Estás detenida ante un muro de granito
Esperando a que alguien aparte la niebla
te muestre la luz que llevas tú misma en tus manos

¿Llegará tu salvación antes de que te claves ese cuchillo en el
vientre?

Si no te salvas tú,
¿quién lo va a hacer por ti?

   Me odian

Disparan a matar
Sus pistolas flotan en un mar de sangre

Te acusan de lo que no has hecho
te condenan por lo que quieren que hagas

   Soy inocente

Este tipo de criminales llevan traje y corbata
beben whisky, vino tinto
Practican deporte violento
hablan de mujeres en la intimidad,
de lo que ellos les harían por ser tan putas

Conducen coches de carreras,
son gamberros
atontados, machistas

En realidad, son el infierno del que huyes

XXII

Suena un saxofón en la esquina de la plaza
Un músico callejero llama tu atención

Quisieras escaparate con él
perderte con él
Sentir su música
Soñar

Otro mundo mejor existe, ¿no lo ves?

Está ahí, frente a ti

El músico levanta el saxofón
un pitido agudo surca el aire
Te emociona

No te pierdas en la mirada de los otros

¿Crees que perseguir lo imposible te convierte en imposible?

Debes convertir lo ordinario en extraordinario

El sentido común es una trampa
Lo razonable es lo que tú quieras que lo sea

¿Necesitas caerle bien a alguien para ser feliz?

    Nadie me defiende

No puedes cavar tu agujero con la misma pala que te dieron
ellos
utiliza tus manos

Te han dado por muerta
Por más que supliques, para ellos
lo sigues estando

XXIII

¿Crees que lo que ellos llaman trascendente te sostendrá?
La tradición, la familia, las costumbres
La ley, el orden, la imposición

Si esos valores no son tuyos, ¿de qué te sirven?
Los utilizan para convencerte

Sólo son muletas que no les valen ni a los enfermos ni a los
sanos
Sólo querías ser su compañera, su cómplice.

Su amiga

Vivías por él, para él
Vive por ti
no contra nadie

¿Crees que agarrarte a un soporte fijo te aliviará?
¿Crees que un ancla en la lejanía te sostendrá a la columna de
hércules?
¿Que un palo en la espalda te mantendrá erguida?
¿Necesitas que algo inmutable te apuntale a una pared?
¿A una roca?
¿Al gancho que pende del techo?

XXIV

¿Quieres una razón cierta para seguir empujando?
¿Crees que sin razones no puedes continuar?
¿Que sin argumentos de peso todo se complica?

¿Qué buscas?

¿Un hombre?
¿Una mujer?
¿Una causa?
¿Un Dios?

¿Has pensado que quizá, esa razón que buscas, seas tú misma?

Estás en tu habitación
tumbada sobre la cama observando el techo

La luz de la luna convierte en sombras las ramas del árbol del
jardín
No quieres hacer ruido para no despertarlo

     No me muevo
     Estoy bloqueada

A él, le ha costado dormir después de la bronca
Se puso nervioso, te gritó
Te dio una bofetada

Luego te pidió perdón
Muy cariñoso

Arrepentido

Eso no es cosa de perdón, es cosa de salir huyendo

Se puso tan tierno después de pegarme…

Intentas comprenderlo, pero no lo consigues
Nadie lo conseguiría

¿Quién soy?
¿Quién es él?
¿Dependo de como sea él para llegar a ser yo?

XXV

Las neuronas se bloquean, el cuerpo bulle
Hay que asesinar al apuntador,
al traidor que te susurra al oído que todo está bien

No quieres testigos de tu vergüenza

No lo soporto

Tenías un futuro, una carrera, la dejaste para cuidar de él

En el campo, las distancias son largas
Hay mucho trabajo
Necesitas una camioneta, ir cargada de aquí para allá

Las otras granjas están lejos
El baile de la cosecha es la única luz que te queda
Las borracheras no borran el camino mal recorrido

Tus compañeros de clase te llaman a veces,
cada vez menos
Te avergüenza hablar con ellos

Ya no sabes qué decirles ni ellos a ti
¿Cómo es posible que esto pase?

Si eres una vaca, dame leche
Si, una gallina, pon huevos
Zurce los calcetines, hazme zumo de limón
adórame

No me extraña que te quieras morir
Lo raro es que quieras seguir viviendo

XXVI

La carretera es para las atrevidas
Para ti,
si quieres

Te quedas de pie,
en el quicio de la puerta

Deseando ir hacia el paisaje antes de que el techo te aplaste
Antes de que el peso de la verdad te hunda del todo en sus
mentiras

El bosque te atrae
El río corre,
las fuentes repican agua cristalina

El viento sopla en las montañas,
las nubes se alejan en el mar

¡Qué lejos queda todo eso, cuando estás con él!

Todo te machaca, te presiona
te hace tambalear:

El espacio-tiempo
La cuarta dimensión
El quinto elemento,
El amor
El deseo
El placer

¿Qué necesitas para regresar al mundo?

XXVII

Tuviste un amante en tus tiempos de estudiante,
ya ni lo recuerdas

Cantabas baladas de amor a la luz de la luna
Tenías una buena pareja de baile
Pintabas la ciudad de azul

Observabas los barcos, las canoas
las balsas
Todo tenía un significado,
una explicación extraordinaria

El mundo era así de hermoso

Pasabas del polvo de las paredes, del suelo
de la suciedad de los cristales
Te movían tus deseos, tus ansias de vivir

Pasaste de ese amante cuando lo conociste a él
Te obligó a no ver a nadie más

"El mundo es compromiso" —te dijo

Pasaste del derecho a vivir
a la obligación de comprometerte con él
A la responsabilidad que él te marcaba

Él te iba a enseñar a vivir,
a ser honesta
Pensaste que era el hombre perfecto,
el amor de tu vida

Te engañó,
no te previno contra él

   Lo seguí hasta el mismo precipicio

Ahora, estás prisionera
cautiva
Eres tan sólo un tentetieso que responde a sus empujones
volviendo a tu posición inicial
cada vez que te tumba

XXVIII

Te sostiene un hilo invisible que pende de algo que desconoces
¿Acaso esperas que te salve lo sobrenatural?
¿Acaso confías en el cielo?
¿En un cataclismo?
¿En un ser superior?

    No confío en mí

Se levanta el polvo en el mar,
llega la tormenta perfecta

Entre las olas
Barquito a la deriva
Has perdido a tu último aliado cuando ni siquiera te quedan
enemigos

Estar sola no es malo
Es quizá tu última oportunidad de salir a flote

Nadie te mira ni te observa
No te señalan ni cuentan contigo
No es que te ignoren
Es que no te ven

XXIX

La luz que persigues es tu luz
La sostienes en la mano mientras la buscas

Desesperada
De tanto buscarla
La llevas tan contigo que ni la ves

Cuando descubras que la tienes en tus manos
Que esa luz eres tú,
¿qué vas a hacer?

Tendrás que hacerte a ti misma fuerte
para sobrellevar la carga que representa ese resplandor de tu
interior

XXX

Te prometieron tanto,
te engañaron tanto…

Las campanas nupciales a todo meter
Y tú, encandilada, seducida
en sus manos

La mujer no vale nada —te dijeron—, hay que montar una gran
fiesta
para que parezca lo que no es
El convite, la misa, el ramo, el padrino…
Hay que desviar la atención de lo que representa el rito de la
boda:
La compra de una esposa

En la ceremonia cantó un coro de góspel
A los maltratadores les encanta la música en las fiestas

Se rezó un padrenuestro, una avemaría
una acción de gracias, un iros en paz
Amén

A los maltratadores les encanta fabricar cómplices en las
ceremonias

Os desearon hijos,
ese es el objetivo final de toda unión, ¿no es así?
"Lo más pronto posible"

Le he decepcionado

A los maltratadores les encanta que sus mujeres se carguen de
niños,
de trabajo, de responsabilidad
de compromiso

     Yo no he sabido tener hijos

En el cielo, se abren las aguas, se regala el perdón
el cestito de Moisés en el Nilo
el sermón de la montaña

En la tierra: se obedece al marido

Montones de regalos, un destino esperanzador para el viaje de
novios
felicidad a raudales, un futuro por delante

Te pusieron ante una tarta nupcial con bengalas chispeantes,
ahí empezó tu abismo

Todos fueron cómplices

Todos,
Asesinos

XXXI

Para ellos eres tan sólo un objeto

"Confía en nosotros" —te dicen
Te conviene obedecer
Seguir la tradición
Las costumbres ancestrales
La ley
El respeto a los mayores

La mujer debe ser mujer, femenina siempre
no te resistas a tu esencia de madre
La madre es lo más sagrado que existe
Por los siglos de los siglos,
Amén

Encerrada en una cárcel de cristal tras una reja de oro

"Te preferimos mujer MUERTA, a mujer libre"

Tus carceleros no necesitan cerrar la reja para evitar que te
escapes
Te han provocado el terror suficiente para que tengas temblores
con sólo pensar en escapar

XXXII

No te conviene enfrentarte a nosotros
Somos la ley del más fuerte, la tradición
Somos el Dios de los hombres
El Dios del lugar

Tus hijos te necesitan
Te lo daremos todo si te humillas,
si obedeces
Sé humilde

      Obedeceré

Si crees en nuestras normas, te premiaremos con canciones de
amor,
con poemas de alabanza

Serás nuestra musa, nuestra inspiración
Te sacaremos en procesión,
nos pelearemos por tocar tu manto
por llevarte a cuestas, por sacarte a pasear al monte
por saltar la valla, por cantarte saetas

Alabaremos a la imagen que representas, no a la mujer que eres
Como mujer, no vales nada para nosotros

Como símbolo,
eres la salvaguarda de nuestros valores eternos
La madre patria,
la diosa madre

XXXIII

Esa felicidad que te ofrecen es imposible sin cadenas
Son las promesas que no van a cumplir las que oyes de su boca

Te inculcan el miedo a la libertad, el miedo a todo

Te ponen grilletes invisibles, pulseras de brillantes
gargantillas de oro

Si protestas, te acusarán de cruel, de loca
de inestable

Cuídate de nosotros —te aconsejan por tu bien

Te ofrecen montañas, ríos que fluyen
cascadas de agua cristalina
animales domesticados, vergeles
campos de trigo
todo para ti

Sólo, para encadenarte más a tus grilletes

Ahora ya sabes que son ellos las verdaderas cadenas

 ¿Cómo romperlas?

Sin luchar por ti, nunca llegarás a ninguna parte
Aunque, para ellos, ninguna parte es también un lugar
Tu lugar
El lugar que quieren que ocupes en su mundo:
Ninguno

Vestías elegante, arrojabas monedas a los pobres
Te sentaban en palcos en la iglesia
Te escondían de los vagabundos
apartada de los enfermos, orgullosa
pisando fuerte con tus sandalias
en primera fila en los desfiles de moda

Los mejores colegios, reverencias, payasos
malabaristas, diplomáticos
todos, a tus pies

Gente guapa bebiendo, haciendo tonterías
comiendo, charlando, flirteando
triunfando…

Cuando estés descuartizada, desmembrada
rota, hecha añicos…
Entonces, te tendrán en el lugar en que quieren tenerte

XXXIV

No necesitas el permiso de nadie para liberarte,
para ser tú misma

No es necesario pedirles el consentimiento para asesinar a la
bruja mala
Al príncipe azul
Al cínico bufón
Al rey desvergonzado

Necesitas vivir la pasión, emocionarte
conmoverte
Ser la protagonista de tu propio relato,
la única heroína de tu cuento de hadas

Saltar, gritar
remover el cielo con tu furia
Desenvolverte libre, emancipada
feliz

Harás tu viaje con sentido crítico, con espíritu libre
con los compañeros que elijas

El camino te hace vencedora

Los saxofones tocan, las campanas tañen
los cuernos de caza asustan a las bestias
los salvadores de almas dejan de serlo

Las madres lloran, su hija se ha convertido en mujer

Ábrele la puerta a la generadora de ilusión,
a la caminante que explora, a la curiosa
a la que aprende

La que sale de su caparazón para renacer de su crisálida
La que se convierte de oruga en mariposa
La que vuela curiosa rozando los pétalos
La que se posa en las flores dándoles vida

XXXV

Si no te pones a cubierto, te devorarán
Disfruta de las vistas

Debo cuidarme

¿Cuál es el premio por competir?
¿Por seguir en la lucha?

¿No será que correr es en sí el único premio?

Las estaciones pasan, el corazón se entristece
el pájaro no canta, el tono es tosco
Todo parece estar en contra,
para que enderezarlo te cueste

La luz del día gana fuerza con el sol,
el aire espeso se aclara
la luna se oculta tras el horizonte

El volcán se aplaca, el dique se recompone
los gansos vuelven al valle

A los predicadores les golpean en la cabeza con sus biblias,
con sus homilías
con sus discursos de odio

El universo entero quiere que avances

Las abejas acarician las flores, las mariposas dan brincos
el viento sopla a tu favor
Los veleros navegan lejos del acantilado

Todo está dispuesto para que elabores tú misma tu hoja de ruta

XXXVI

Hay demasiadas víctimas que no respiran ni sienten ni viven,
por no asumir su sufrimiento
por no superar su dolor

Coge una mochila, un mapa
una motocicleta, un fusil
Sal a cazar leones

No, como miliciana
Ni rebelde
O libertaria
Sino
COMO TÚ

XXXVII

¿Qué dejas atrás?
Nada dejas atrás
El camino va hacia delante

Olvídate de los que tiran de ti, de las cruces al revés de las
encrucijadas
de las espadas sangrantes de otros

Es tu horizonte
No, el de nadie

¿Vas a morir mil veces cada día por el mal que te hicieron?
¿Quieres resistir?
O los matas o los metes entre rejas o lo superas

       Me toca empezar de cero,
       Resurgir

Pon una carga de dinamita en sus conciencias

Has vivido en la oscuridad
Ya va siendo hora de salir a la luz

XXXVIII

"Dame otra oportunidad" —te dice

Perdona, te trataré bien
Serás mi conejita
Mi diosa en la tierra
Te cuidaré

¿Crees que ha cambiado?

    No ha cambiado ni cambiará

Tú, en cambio, eres otra
una persona distinta a la que eras
Decidida, firme
voluntariosa
Con ganas de ir hacia delante

Las estrellas están a la vista, sólo hay que mirarlas

El viento sopla suave
No te de miedo decir adiós a tanto dolor
Afirmando ese: NO, darás el paso hacia el: SÍ

XXXIX

Eres la verdadera tú
por fin,
TÚ

¿Cómo has podido vivir sin darte cuenta de que existes?

Ahora lo ves todo tan lejano, casi olvidado
Algo que le pasó a otra persona en otro tiempo

Caminas descalza por la orilla,
el agua del mar roza tus pies
Llegan hasta ti las olas,
la luna está baja

Observas la bóveda oscura,
iluminada por ese foco de escenario que recorre el cielo con
una carroza

     Soy yo

XL

Como un molusco intenta agarrarse a ti
Pretende hundirte,
intenta tirar de ti hacia el fondo del pozo

Cuando te ve libre, se trastoca

"Lo hago por ella, me necesita" —asegura.

Pretende ir al abismo contigo si es preciso
"A por ella"

Necesita clavarte su aguijón en tu cuello,
chuparte la sangre

"Esa zorra es mía, no la dejaré escapar"

Es un chantaje continuo, angustioso

        Resulta que ahora me tiene envidia

"Te quiero" —te dice abrumado, cogiéndote de la mano

Cuando te suplica que te quedes con él,
lo hace como una orden,
como un mandato de Dios

Siempre está presente en él la exigencia, la intimidación
la violencia

"No puedo vivir sin ti, ¿no te das cuenta, corazón mío?
Te necesito, dame otra oportunidad
Si no, me mataré"

Si no, te matará

XLI

Te necesita para levantar su autoestima hundiendo la tuya
Tómatelo con calma,
resulta que has vencido

Salvándote tú, le has hundido a él

     No quería eso

Pusiste tanta ilusión en él, en estar juntos con él
en compartir su compañía
en crecer con él
Que…
Al final:
Te secó
Te ha caído por fin el velo que cubría tus ojos

Tendrá que reconocer que el equivocado es él
O si no, matarse
Pero, no después de matarte a ti
Sino en tu lugar

Él por ti

XLII

Sólo te queda recoger tus cosas
Cambiar de sitio, de actitud
saber de dónde vienes
A dónde vas

Poca maleta te basta

Nunca vas a recuperar lo que te deben
lo que has hecho por ellos,
lo que dejaste caer

Finge que has perdido a la ruleta
Recoge tus fichas

"Rien ne va plus" —dice el crupier—. Baraja nueva

No vale la pena mirar atrás
Que lloren ellos

XLIII

Han intentado explicar quién eres sin saber nada de ti
Anticiparse a tus deseos para que cumplas los suyos
Asegurarse de que los cumples por ti,
cuando es por ellos

Tu espíritu libre vuela por la habitación

Llegó la hora de la verdad,
resurges de tus cenizas
Nunca es tarde para levantarte, para caminar

El mundo te espera

XLIV

Dicen que es por tu bien, cuando es por su bien
Has comprendido que sólo te quieren viva si eres suya
Necesitan dominarte para satisfacerse,
anularte para resurgir

Te odian si sigues tu propio camino

Dicen ser independientes, pero dependen de ti
son tus subordinados
Te admiran

            Ya no pueden seguirme, voy por delante

Temen tu desdén, que te rebeles en su contra
que desobedezcas

Te consideran la mujer extraña que les quita la razón,
alguien perverso que descubre sus mentiras
Esas mentiras que han sostenido desde siempre como verdad,
las que nadie ha cuestionado salvo tú

XLV

No se explican cómo sigues viva con lo que te han hecho sufrir
Te odian porque eres fuerte

Ellos, son de desfiles, de espadas
de cruz en lo alto, de virgen en el altar

Se envalentonan con canciones militares,
con desfiles guerreros,
con procesiones

Luego, son cobardes
mequetrefes

Ellos son de tierra
Tú, de viento
Creen que tú debes pagar con esclavitud sus derrotas

Eres la evidencia molesta que los deja fuera de juego

Si amas,
aún te odiarán más

XLVI

Tu independencia es su fracaso
Tu victoria, su rabia

El camino es tuyo,
sólo temen que te des cuenta

No regales ese camino a quien no lo merece
Avanza por ti misma, no esperes su ayuda
la de nadie

Tienes la potencia necesaria, el carácter para hacerlo
la razón de tu parte
La luz

Sólo te necesitas a ti para conseguirlo

Tú,
Contigo
Con tu fuerza
Tu energía
Tu poder
      ES SUFICIENTE

             Reconócete en ti:
             Si aún sigues aquí, es que estás viva

ÍNDICE

I 9
II 11
III 13
IV 15
V 16
VI 18
VII 19
VIII 21
IX 22
X 25
XI 26
XII 27
XIII 28
XIV 29
XV 30
XVI 32
XVII 33
XVIII 34
XIX 35
XX 37
XXI 38
XXII 39
XXIII 41
XXIV 42
XXV 44
XXVI 46
XXVII 47
XXVIII 49
XXIX 50
XXX 51
XXXI 53

XXXII 54
XXXIII 55
XXXIV 57
XXXV 59
XXXVI 61
XXXVII 62
XXXVIII 63
XXXIX 64
XL 65
XLI 67
XLII 68
XLIII 69
XLIV 70
XLV 71
XLVI 72